Teigtaschen

gebacken und gekocht

OTUS Lifestyle

Inhalt

Vorwort

Teigtaschen sind auf der ganzen Welt beliebt und aus vielen Länderküchen nicht wegzudenken. Nicht selten zählen sie zu den jeweiligen Nationalgerichten und ihre Rezepte werden schon seit Jahrhunderten von Generation zu Generation weitergereicht. Begeben Sie sich mit diesem Buch auf eine kulinarische Reise und schlemmen Sie sich durch die verschiedensten Teigtaschen-Variationen. Seien es spanische und südamerikanische Empanadas, indische Samosas oder chinesische Wan Tan – jedes Land hat seine ganz eigene Art und Weise, köstliche Füllungen in unterschiedliche Teigarten zu wickeln. Die Bandbreite der Variationen ist enorm: ob süß oder pikant, in Blätterteig, Nudelteig oder Hefeteig, frittiert oder gekocht, mit Fleisch, Fisch, Gemüse oder Obst gefüllt – für jeden Geschmack ist etwas dabei. Für viele Rezepte muss man erst gar nicht in die Ferne schweifen. Entdecken Sie bewährte Klassiker wie schwäbische Maultaschen oder italienische Tortellini und lassen Sie sich von der Qualität selbst gemachter Teige und Füllungen überzeugen. Auf Naschkatzen wartet ein ganzes Kapitel mit süßen Verführungen wie Schokoladen-Ravioli oder Apfel-Rosinen-Samosas.

Viel Spaß beim Kochen und Genießen!

Teigtaschen
selbst gemacht

Ob als pikante Vorspeise, raffiniertes Hauptgericht oder süße Versuchung zum Dessert – mit selbst gemachten Teigtaschen werden Sie Familie und Freunde begeistern. Dabei sind die gefüllten Täschchen gar nicht so aufwendig wie mancher vermutet. Mit frischen Zutaten und einigen nützlichen Werkzeugen sind die kleinen Leckerbissen im Handumdrehen fertig.

Das richtige Werkzeug

Das A und O in jeder Küche sind die richtigen Arbeitsgeräte. In folgendem Abschnitt stellen wir Ihnen einige Werkzeuge vor, die bei der Teigtaschen-Herstellung zum Einsatz kommen.

Nudelholz
Für die meisten Teigtaschen ist es nötig, den Teig besonders dünn auszuwalzen. Hierfür ist ein Nudelholz unabdingbar. Egal, ob aus Holz oder Kunststoff, Nudelhölzer sollten zur Standardausrüstung in jeder Küche gehören.

Pastamaschine
Wem das Ausrollen des Teiges per Hand zu aufwendig ist, kann auf eine Pasta- oder Nudelmaschine zurückgreifen. Der Handel bietet eine Fülle an unterschiedlichen Modellen in allen Preisklassen an. Dabei können Sie sich zwischen Maschinen mit Handkurbel und mit elektrischem Motor entscheiden.

Teigrädchen
Viele Teigtaschen werden von Hand in Form gebracht. Mit einem Teigrädchen lassen sich dabei sogar mehrere Arbeitsschritte auf einmal bewältigen: zum einen schneidet man den Teig in die gewünschte Form, zum anderen verschließt das Teigrädchen gleichzeitig die Ränder, damit nichts von der guten Füllung auslaufen kann. Alter-

nativ kann man natürlich die Taschen auch mit dem Messer beschneiden und mit den Zinken einer Gabel die Ränder festdrücken.

Ausstecher
Für die Herstellung von Ravioli oder Empanadas gibt es spezielle Formen mit Griff, die den Teig ausschneiden und gleichzeitig verschließen. Wer Teigtaschen mit runder bzw. halbrunder Form herstellen möchte, kann auch Plätzchen-Ausstecher oder ein Glas mit dem richtigen Durchmesser verwenden. Um eine runde Tasche zu erhalten, werden einfach zwei Teigkreise aufeinandergelegt und die Ränder mit den Gabelzinken zusammengedrückt. Bei einer Halbmondform klappt man den kreisrunden Teig einfach zusammen.

Schaumlöffel
Viele Teigtaschen werden in heißem Fett oder in kochendem Salzwasser gegart. Um die fertig gegarten Speisen unbeschadet aus dem Fett oder dem Wasser zu holen, eignet sich ein großer Schaumlöffel mit ausreichend breitem Boden.

Teigsorten

Die Vielfalt der Teigtaschenrezepte beginnt schon bei der Wahl des Teiges. Die am häufigsten verwendeten Teigarten lassen sich in vier Gruppen einteilen.

Blätterteig
Blätterteig besteht aus mehreren hauchdünnen Teigschichten, in die

Fett – meist Butter – zur Trennung der Schichten eingearbeitet wird. Der Teig aus Mehl, Salz und Wasser wird durch wiederholtes Kühlen, Falten und Walzen bearbeitet. Da Blätterteig selber machen sehr aufwendig ist, scheuen Sie sich nicht, Fertigteig aus der Kühltheke oder dem Tiefkühlfach zu nehmen. In diesem Fall ist Fertigteig ausdrücklich erlaubt.

Hefeteig

Bei vielen Teigtaschen besteht die Basis aus einem Hefeteig. Dieser kann entweder mit Trockenhefe oder mit frischer Hefe hergestellt werden. Etwas Zucker bei den Zutaten dient dabei als „Nahrung" für den Hefepilz, damit der Teig während seiner Ruhezeit kräftig aufgeht.

Nudelteig

Selbst gemachter Nudelteig ist ein wahrer Genuss. Meistens wird er aus Mehl, Eiern, Salz und etwas Wasser hergestellt. Nicht nur italienische Teigtaschen haben ihn als Basis, auch bei den schwäbischen Maultaschen umhüllt ein Nudelteig die deftige Füllung.

Fertigteig

Wie schon beim Blätterteig erwähnt, ist es manchmal sinnvoller, auf Fertigteig zurückzugreifen, weil die Herstellung spezieller Teige die Möglichkeiten eines Hobbykochs übersteigt. Vor allem bei asiatischen Teigarten gibt es fertig hergestellte Alternativen, da diese Teige meist nur wenige Millimeter dünn sein dürfen. Hobbyköche erleichtern sich die Zubereitung mit fertigen Wan-Tan-Platten oder Jiaozi-Teigplatten enorm.

Kleine Länderkunde

Andere Länder, andere Teigtaschen. Hier eine kleine Aufstellung der gängigsten Teigtaschen aus aller Welt.

Baozi (China): Diese gedämpften Teigtäschchen gibt es mit verschiedensten Füllungen von Fleisch bis Bohnenpaste.

Empanadas/Panades (Spanien, Mexiko, Südamerika): Empanadas werden meist mit Fleisch oder Fisch gefüllt und entweder frittiert oder im Ofen gebacken.

Jiaozi (China): Diese asiatischen Maultaschen sind mit Gemüse sowie Fleisch oder Garnelen gefüllt und werden gekocht.

Maultaschen (Deutschland): Die schwäbische Spezialität ist meist mit Fleischbrät, Spinat und Zwiebeln gefüllt und wird entweder als Suppeneinlage oder angebraten serviert.

Pelmeni (Russland): Das russische Nationalgericht wird mit Fleisch gefüllt, in Brühe gekocht und entweder als Suppeneinlage oder als Hauptgericht gegessen.

Piroggen/Pierogi (Osteuropa/Finnland): Piroggen sind wahre Alleskönner und werden mit deftigen oder süßen Füllungen in ganz Osteuropa und Finnland an Festtagen serviert.

Ravioli (Italien): Die bekannte italienische Spezialität gibt es mit den verschiedensten Füllungen aus Fleisch, Fisch oder Gemüse.

Schlutzkrapfen (Österreich/Südtirol): Die Tiroler Spezialität ähnelt den italienischen Ravioli und ist traditionell entweder mit Fleisch oder mit Spinat und Quark gefüllt.

Samosa (Indien/Pakistan): Die mit Gemüsecurry, Fleisch oder Kartoffeln gefüllten Teigtaschen werden frittiert und entweder als Vorspeise serviert oder im Straßenverkauf als schneller Snack angeboten.

Salteña (Bolivien): Meistens mit Fleisch gefüllt, unterscheiden sich diese Teigtaschen von den ähnlichen Empanadas durch ihren schwarzen Rand.

Tortelloni/Tortellini (Italien): Diese Teigtaschen unterscheiden sich von Ravioli in ihrer Ringform und sind ansonsten ähnlich mit Fleisch, Spinat oder Parmesan gefüllt.

Wan Tan (China): Die populären Teigtaschen aus China sind meist mit Schweinefleisch, Meeresfrüchten oder Gemüse gefüllt und werden entweder in einer Suppe oder frittiert mit Dip serviert.

Teigtaschen
mit Fleisch

Gefüllte Baozi
aus Fernost

Zutaten

450 g Mehl, 2 TL Salz
1 Würfel frische Hefe
1 EL Zucker
200 g Auberginen
200 g Zucchini
4 Schalotten
2 Knoblauchzehen
200 g Paprika
3 Tomaten, 2 EL Olivenöl
250 g gemischtes Hackfleisch
frisch gemahlener Pfeffer
Chiliflocken
1/2 TL gemahlene Kurkuma
1 Msp. gemahlener Kreuzkümmel, Sojasoße

Zubereitungszeit
ca. 40 Min
+ 3 Std. Gehzeit
Für 4 Portionen

Zubereitung

1. Mehl, 1 Teelöffel Salz, Hefe und Zucker vermischen. Nach und nach lauwarmes Wasser zugeben, bis ein geschmeidiger Teig entsteht. Diesen zugedeckt an einem warmen Ort 3 Stunden gehen lassen.

2. Auberginen und Zucchini waschen, putzen und in kleine Würfel schneiden. Schalotten und Knoblauch abziehen und fein würfeln. Paprika waschen, vierteln, entkernen und in kleine Würfel schneiden. Tomaten waschen, Stielansätze entfernen und ebenfalls würfeln.

3. Öl erhitzen und Hackfleisch anbraten. Gemüse hinzugeben und unter Rühren ca. 5–8 Minuten mitbraten. Mit restlichem Salz, Pfeffer, Chili, Kurkuma, Kreuzkümmel und Sojasoße würzen.

4. Teig in 12 gleich große Teigkugeln formen und diese zu Kreisen ausrollen. Die Teigkreise füllen, dann die Teigränder nach oben zusammenlegen und die Enden zusammendrehen.

5. Die Baozi in eine Pfanne mit Dampfaufsatz setzen und genügend Abstand dazwischen lassen, da sie noch aufgehen. Ca. 15 Minuten bei Volldampf dämpfen.

Zutatenliste

Empanadas de carne
mit Hackfleisch

Zutaten

1/2 Würfel frische Hefe
180 ml lauwarme Milch
1 Prise Zucker
400 g Mehl
Salz
1 Eigelb
100 g weiche Butter
1 rote Zwiebel
100 g Paprikaschote
100 g Dosenmais
2 EL Rapsöl
400 g Rinderhackfleisch
frisch gemahlener Pfeffer
1 Prise Cayennepfeffer
1 Eiweiß

Zubereitungszeit
ca. 40 Min.
+ 12 Std. Gehzeit
Für 4 Portionen

Zutatenliste

Zubereitung

1. Hefe zerbröckeln und mit Milch und Zucker verrühren. Hefemischung, Mehl und Salz vermischen und mit Eigelb und Butter zu einem glatten Teig kneten. Teig zu einer Kugel formen und abgedeckt über Nacht kalt stellen.

2. Zwiebel abziehen und fein hacken. Paprika waschen, vierteln, entkernen und würfeln. Mais in einem Sieb abtropfen lassen. Öl erhitzen, Zwiebel kurz darin anschwitzen, Paprika, Mais und Hack zufügen und unter gelegentlichem Rühren 8–10 Minuten braten. Mit Salz, Pfeffer und Cayennepfeffer würzen.

3. Backofen auf 200 °C (Umluft: 180 °C) vorheizen. Hefeteig aus dem Kühlschrank nehmen und ca. 3 Millimeter dick ausrollen. Kreise mit ca. 15 Zentimeter Durchmesser ausstechen. Jeweils etwas von der Füllung in die Mitte der Kreise geben, die Teigränder mit Eiweiß bestreichen, zusammenlegen und mit einer Gabel die Empanadas fest verschließen.

4. Eigelb mit etwas Wasser verquirlen und die Empanadas damit bestreichen. Auf ein mit Backpapier belegtes Backblech legen und in ca. 18 Minuten goldbraun backen. Dazu einen frischen Salat reichen.

Ravioli
mit Schweinefilet

Zutaten

300 g Mehl
5 Eier
Salz
250 g Schweinefilet
frisch gemahlener Pfeffer
1 EL Rapsöl
120 g luftgetrockneter Schinken
80 g Parmesan (gerieben)
2 EL gehacktes Basilikum
1/2 TL Paprikapulver
etwas zerlassene Butter
4 TL gehackter Basilikum

Zubereitungszeit ca. 45 Min. + 1,5 Std. Ruhezeit
Für 4 Portionen

Zutatenliste

Zubereitung

1. Aus Mehl, 3 Eiern und Salz einen geschmeidigen Nudelteig kneten. Teig in Frischhaltefolie wickeln und 30 Minuten ruhen lassen. Schweinefilet trocken tupfen, mit Salz und Pfeffer würzen. Öl in einer Pfanne erhitzen und das Fleisch darin von allen Seiten anbraten. Etwas abkühlen lassen.

2. Fleisch würfeln, mit Schinken und Parmesan im Mixer fein pürieren und 2 Eier unterrühren. Mit Salz, Pfeffer, Basilikum und Paprikapulver würzen und 1 Stunde ruhen lassen.

3. Nudelteig zu 2 Millimeter dünnen Teigstreifen ausrollen. Streifen nebeneinanderlegen, auf die eine Hälfte der Teigstreifen im Abstand von ca. 6 Zentimeter walnussgroße Portionen von der Füllung setzen. Mit einem zweiten Teigstreifen bedecken und den Teig rund um die Füllung fest andrücken. Mit einem Teigroller in Quadrate schneiden oder rund um die Füllung Kreise ausstechen.

4. In einem großen Topf reichlich Wasser aufkochen, Salz zugeben und die Ravioli portionsweise darin garen. Ravioli mit zerlassener Butter und gehacktem Basilikum bestreut servieren.

Blätterteigtaschen
mit Sauerkraut

Zutaten

300 g Sauerkraut
1 Möhre
1 Zwiebel
100 g Schinkenspeck
2 TL Rama Culinesse Pflanzencreme
100 ml Weißwein
125 ml Rama Cremefine zum Kochen 15 %
Salz
frisch gemahlener Pfeffer
450 g Blätterteig (tiefgekühlt)
1 Ei

Zubereitungszeit ca. 50 Min.
Für 12 Stück

Zutatenliste

Zubereitung

1. Sauerkraut gut ausdrücken und grob hacken. Möhre und Zwiebel schälen und in feine Würfel schneiden. Speck ebenfalls würfeln. Speckwürfel in der Pfanne in Rama Culinesse kross braten. Zwiebelwürfel kurz mit anbraten. Möhrenwürfel und Sauerkraut zugeben und bei mittlerer Hitze 2 Minuten mitdünsten.

2. Mit Weißwein ablöschen. Weißwein unter Rühren verdunsten lassen. Mit Rama Cremefine angießen und das Sauerkraut ca. 15 Minuten köcheln lassen, bis es andickt, dabei öfter umrühren. Mit Salz und Pfeffer abschmecken.

3. Backofen auf 200 °C (Umluft: 180 °C) vorheizen. Blätterteig auftauen lassen. Ei mit 1 Esslöffel Rama Cremefine verquirlen. Blätterteig in Quadrate schneiden und auf einer bemehlten Arbeitsfläche leicht ausrollen. Auf jedes Quadrat 1-2 Esslöffel Sauerkraut-Füllung setzen. Fläche um die Füllung mit Ei bestreichen. Zu einem Dreieck umschlagen, Kanten mit einer Gabel zusammendrücken. Blätterteigtaschen mit dem restlichen Ei bestreichen und auf einem mit Backpapier belegten Backblech im vorgeheizten Ofen ca. 20 Minuten goldbraun backen.

Schwäbische Maultaschen

auf Salat

Zutaten

300 g Mehl, 3 Eier
Salz, 1 TL Rapsöl
2 Schalotten
1 EL Rapsöl
250 g Blattspinat (TK-Produkt)
1 Brötchen
250 g Rinderhackfleisch
frisch gemahlener Pfeffer
1 Prise gemahlener Kreuzkümmel
1 Kopf Römersalat
1 Möhre
Balsamico
Olivenöl

Zubereitungszeit ca. 50 Min.
Für 4 Portionen

Zubereitung

1. Aus Mehl, 2 Eiern, Salz, Öl und etwas Wasser einen glatten Nudelteig kneten.

2. Schalotten schälen , würfeln und glasig anschwitzen. Blattspinat gut ausdrücken und fein hacken. Brötchen in Wasser einweichen, herausnehmen und gut ausdrücken. Hackfleisch mit restlichem Ei und Brötchen vermengen, Blattspinat und angebratene Zwiebeln hinzufügen, mit Salz, Pfeffer und Kreuzkümmel würzen und gut vermengen.

3. Nudelteig ausrollen und in kleine Rechtecke schneiden. Von der Füllung jeweils etwas auf eine Hälfte der Rechtecke setzen, dann die andere Teighälfte darüberlegen und fest andrücken. Die Maultaschen in reichlich kochendem Salzwasser aufkochen, dann bei kleiner Hitze gar ziehen lassen. Mit einem Schaumlöffel herausnehmen und abtropfen lassen.

4. Römersalat waschen und in mundgerechte Stücke zupfen. Möhre schälen und in feine Streifen hobeln. Salat und Möhre mit Balsamico, Salz, Pfeffer und Olivenöl anmachen. Maultaschen in Streifen schneiden, anbraten und auf Salat angerichtet servieren.

Zutatenliste

Russische Pelmeni

mit saurer Sahne

Zutaten

200 g Mehl
1 Ei
1/4 TL Salz
1 Schalotte
1 Knoblauchzehe
1/2 rote Paprikaschote
200 g Rinderhackfleisch
frisch gemahlener Pfeffer
Paprikapulver
2 EL Sahne
150 g saure Sahne

Zubereitungszeit
ca. 50 Min.
+ 30 Min. Ruhezeit
Für 2 Portionen

Zubereitung

1. Mehl, Ei, Salz und ca. 100–150 Milliliter Wasser in eine Schüssel geben und zu einem glatten Nudelteig kneten. Abgedeckt 30 Minuten ruhen lassen.

2. Schalotte und Knoblauch abziehen und fein hacken. Paprika waschen, entkernen, Trennwände entfernen und fein würfeln. Fleisch mit Paprika, Schalotte, Knoblauch, Salz, Pfeffer, Paprikapulver und Sahne vermengen.

3. Den Teig 2–3 Millimeter dick ausrollen und kleine Kreise ausstechen. Jeweils etwas von der Fleischfüllung mittig daraufsetzen, weiteren Teigkreis über die Füllung legen und Ränder fest andrücken.

4. Die Pelmeni in kochendem Salzwasser garen. Sobald diese an der Oberfläche schwimmen, weitere 2 Minuten ziehen lassen. Mit einem Schaumlöffel herausnehmen und mit saurer Sahne servieren.

Tipp

Man kann die Pelmeni statt mit saurer Sahne auch mit zerlassener Butter servieren.

Zutatenliste

Indische Samosas
mit Lamm

Zutaten

375 g Mehl
2 TL Salz
1 TL Zitronensaft
2 EL Olivenöl
400 g Lammhack
1 Knoblauchzehe
1 Schalotte
1 Chilischote
1/2 Bund Frühlingszwiebeln
1 EL gehackte Minze
2 EL gehackte glatte Petersilie
frisch gemahlener Pfeffer
1 Msp. gemahlener Koriander
1 Msp. gemahlene Kurkuma
neutrales Öl zum Frittieren

Zubereitungszeit ca. 45 Min. + 30 Min. Ruhezeit
Für 2 Portionen

Zutatenliste

Zubereitung

1. Mehl und Salz in eine Schüssel geben. 250 Milliliter Wasser sowie Zitronensaft zugeben und die Zutaten verkneten, bis ein zäher Teig entsteht. Teig dünn ausrollen, Rechtecke ausschneiden und diese wieder zu Dreiecken teilen. Abgedeckt ruhen lassen.

2. Olivenöl in einer tiefen Pfanne erhitzen und Lammhack darin anbraten. Knoblauch und Schalotte abziehen, fein hacken und zufügen. 1 Minute unter Rühren mitbraten. Chilischote entkernen und fein hacken, Frühlingszwiebeln putzen und klein schneiden, beides mit in die Pfanne geben und kurz mitbraten. Minze und Petersilie sowie Gewürze zufügen.

3. Jeweils etwas von der Fleischmasse auf die Mitte der Teigdreiecke setzen, dann die Dreieckspitzen jeweils zur Hälfte der gegenüberliegenden Seiten falten und so die Taschen verschließen.

4. Die Ränder mit etwas Mehl und Wasser bestreichen, damit sich die Taschen beim Frittieren nicht öffnen. Taschen 30 Minuten im Kühlschrank ruhen lassen. Samosas in heißem Öl knusprig frittieren und auf Küchenpapier abtropfen lassen.

Wan-Tan-Suppe
mit Garnelen und Hackfleisch

Zutaten

300 g Garnelen
1 Handvoll getrocknete chinesische Pilze
2 Frühlingszwiebeln
200 g Schweinehackfleisch
1/2 TL Salz
1–2 EL Sojasoße
1 EL Rapsöl
10 g Ingwer
20 Wan-Tan-Teigblätter (Fertigprodukt)
1 l Hühnerbrühe

Zubereitungszeit
ca. 25 Min.
+ 20 Min. Einweichzeit
Für 4 Portionen

Zubereitung

1. Garnelen schälen, ausnehmen und das Fleisch fein hacken. Pilze mit heißem Wasser übergießen und 20 Minuten einweichen. Die Flüssigkeit abgießen und die Pilze gut ausdrücken. Stiele abschneiden und Pilze fein hacken.

2. Frühlingszwiebeln waschen, putzen und fein hacken. Weißen Teil der Frühlingszwiebel zur Füllung geben. Grün der Frühlingszwiebel zum Garnieren beiseitestellen. Garnelenfleisch, Pilze, Hackfleisch, Salz, Sojasoße, Öl, Frühlingszwiebel und fein geriebenen Ingwer sorgfältig mischen.

3. Jeweils 1 gehäuften Teelöffel der Füllung in die Mitte des Wan-Tan-Teigblattes geben. Die Teigränder anfeuchten und zu einem kleinen Dreieck zusammenfalten. Die äußeren Spitzen des Dreiecks aufeinanderlegen, sodass ein Ring entsteht.

4. Teigtaschen in sprudelnd kochendem Wasser 4–5 Minuten kochen. Brühe in einem separaten Topf zum Kochen bringen. Teigtaschen mit einem Schaumlöffel aus dem Wasser nehmen. In Suppentassen oder Teller legen, mit Brühe übergießen und mit Frühlingszwiebelgrün bestreut servieren.

Zutatenliste

Teigtaschen

mit Fisch oder Geflügel

Piroggen
mit Hähnchenbrustfilet

Zutaten

2 Schalotten
1 Knoblauchzehe
250 g Hähnchenbrustfilet
2 EL Olivenöl
3 EL gehackte Oliven
200 g rote Paprika
2–3 Stängel Dill
Salz
frisch gemahlener Pfeffer
Currypulver
250 g Magerquark
75 ml Milch
75 ml Rapsöl
1 TL Salz
2 Eier
400 g Mehl
1 Pck. Backpulver

Zubereitungszeit ca. 35 Min.
Für 6–8 Portionen

Zutatenliste

Zubereitung

1. Schalotten und Knoblauch schälen und fein würfeln. Filet abwaschen, trocken tupfen und sehr fein würfeln. Öl in einer Pfanne erhitzen und Fleisch darin 2–3 Minuten von allen Seiten anbraten. Schalotten, Knoblauch und Oliven zugeben und einige Minuten mitbraten. Paprika waschen, vierteln, entkernen, Trennwände entfernen und fein würfeln. Dill waschen, trocken schütteln und Fähnchen fein hacken. Paprika, Dill, Salz, Pfeffer und Curry zur Füllung zufügen und weitere 2–3 Minuten braten.

2. Backofen auf 200 °C (Umluft: 180 °C) vorheizen. Quark, Milch, Öl, Salz und 1 Ei verrühren. Mehl und Backpulver mischen, zugeben und die Zutaten gut verkneten. Teig auf einer bemehlten Arbeitsfläche ca. 4 Millimeter dünn ausrollen. 10–12 Zentimeter große Kreise ausstechen, jeweils etwas von der Füllung in die Mitte setzen. Restliches Ei verquirlen, die Teigränder damit bestreichen. Teig über die Füllung legen und gut andrücken.

3. Piroggen auf 2 mit Backpapier belegten Backblechen verteilen. Mit restlichem Ei bestreichen und im vorgeheizten Backofen in ca. 18 Minuten goldbraun backen.

Empanada Gallega
mit Thunfisch

Zutaten

150 ml Olivenöl
500 g Mehl
1/2 Würfel frische Hefe
1 TL Salz
1/2 TL Zucker
frisch gemahlener Pfeffer
3 Schalotten
je 1 rote und grüne Paprikaschote
2–3 Tomaten
2 Dosen Thunfisch in Öl
Salz
frisch gemahlener Pfeffer
1 Eigelb

Zubereitungszeit ca. 50 Min. + 45 Min. Ruhezeit
Für 6 Portionen

Zubereitung

1. Olivenöl, Mehl, zerbröckelte Hefe, Salz, Zucker und Pfeffer in eine Schüssel geben und zu einem glatten Teig verkneten. Teig abgedeckt 45 Minuten ruhen lassen.

2. Backofen auf 220 °C (Umluft: 200 °C) vorheizen. Schalotten abziehen und fein würfeln. Paprika waschen, vierteln, entkernen, Trennwände entfernen und ebenfalls fein würfeln. Tomaten waschen und Stielansätze entfernen. Tomaten würfeln und mit Schalotten und Paprika mischen. Thunfisch abtropfen lassen, zufügen und untermengen.

3. Vom Teig für die Garnitur ein wenig abnehmen und beiseitelegen. Die Hälfte des Teiges auf einem gefetteten Backblech ausrollen, den Belag darauf verteilen, mit Salz und Pfeffer würzen. Die zweite Teighälfte ebenso ausrollen und auf die Füllung legen.

4. Aus dem beiseitegelegten Teig kleine Stränge rollen und kreuzweise auf die Teigplatte setzen. Alles mit Eigelb bestreichen und 30 Minuten backen. Abkühlen lassen und die Empanada vor dem Servieren in Stücke schneiden.

Zutatenliste

Bolivianische Salteñas
mit Putenbrust

Zutaten

500 g Putenbrustfilets
1 rote Chilischote
6 Schalotten
3 EL Schmalz
1/4 TL gemahlener Kreuzkümmel
1/2 TL getrockneter Oregano
4 gekochte Kartoffeln
150 g Erbsen (gegart)
2 TL Gelatinepulver
1 EL gehackte glatte Petersilie
1 Handvoll Oliven
900 g Mehl
200 g Schmalz
2 1/2 EL Zucker
1 TL Salz
2 Eier

Zubereitungszeit ca. 1 Std. + 8–12 Std. Ruhezeit
Für 8 Portionen

Zutatenliste

Zubereitung

1. Putenbrustfilets in sehr kleine Würfel schneiden. Chilischote waschen, putzen und fein hacken. Schalotten abziehen und fein würfeln. Schmalz in einem Topf erhitzen, Chili und Zwiebeln hinzufügen und anbraten. Mit Kreuzkümmel und Oregano würzen.

2. Topf vom Herd nehmen und gewürfelte Kartoffeln und Erbsen hinzugeben. In einem zweiten Topf Gelatine in 500 Milliliter Wasser verrühren und zum Kochen bringen. Putenbrust hinzugeben, aufkochen lassen und den Topf vom Herd nehmen. Den Inhalt beider Töpfe miteinander vermengen. Füllung abkühlen lassen und über Nacht kalt stellen. Am nächsten Tag Petersilie und fein gehackte Oliven unterrühren.

3. Backofen auf 220 °C (Umluft: 200 °C) vorheizen. Mehl, Schmalz, Zucker, Salz und Eier vermengen und gut durchkneten. So viel Wasser unterarbeiten, bis ein geschmeidiger Teig entsteht. Diesen ca. 30 Minuten ruhen lassen. Teig ausrollen und gleich große Kreise ausstechen. Jeweils etwas von der Füllung in die Mitte der Teigkreise setzen. Teigrand mit etwas Wasser bestreichen und die Teigtaschen zu Halbkreisen zusammenklappen. Auf mit Backpapier belegte Backbleche setzen und ca. 8 Minuten lang goldgelb backen.

Jiaozi mit Garnelen

Zutaten

1 Pak Choi
1 EL Rapsöl
3 Möhren
2 Knoblauchzehen
40 g Ingwer
100 g Sprossen nach Wahl
3 EL Sojasoße
1 geh. TL Tahini
frisch gemahlener Pfeffer
300 g geschälte Garnelen
24 Jiaozi-Teigblätter
1–2 EL Rapsöl
süßsaure Chili-Soße zum Dippen

Zubereitungszeit ca. 30 Min.
Für 4 Portionen

Zubereitung

1. Pak Choi in feine Streifen schneiden. Öl in einer Pfanne erhitzen und Pak Choi darin einige Minuten andünsten. In eine Schüssel geben. Möhren schälen und in feine Streifen hobeln. Knoblauch und Ingwer schälen und fein hacken, mit Sprossen und Möhren zum Pak Choi geben.

2. Mit Sojasoße, Tahini und Pfeffer abschmecken. Garnelen sehr fein hacken und unter die Masse heben.

3. Teigblätter auf eine Arbeitsfläche legen. Jeweils 1 Teelöffel von der Füllung daraufgeben und die Ränder zusammendrücken.

4. Rapsöl in einer Pfanne erhitzen. Teigtaschen 2 Minuten auf einer Seite anbraten. 100 Milliliter Wasser zugeben und bei fast geschlossenem Deckel weitere 3–5 Minuten garen, bis das Wasser vollständig verdampft ist. Dann 1 Minute weitergaren.

5. Jiaozi mit süßsaurer Chili-Soße und Sojasoße zum Dippen servieren.

Zutatenliste

Empanadillas
mit Thunfisch-Tomaten-Füllung

Zutaten

350 g Mehl
150 g Butter
2 TL Paprikapulver
Salz
frisch gemahlener Pfeffer
2 Eier
1 Dose Thunfisch
2 Schalotten
2 Knoblauchzehen
4 Tomaten
3 EL Rapsöl
1 EL gehackte glatte Petersilie
1 EL Milch

Zubereitungszeit ca. 40 Min. + 45 Min. Ruhezeit
Für 4 Portionen

Zutatenliste

Zubereitung

1. Mehl, Butter, Paprikapulver, Salz, Pfeffer und 1 Ei mit den Händen zu einem glatten Teig verkneten und abgedeckt 45 Minuten ruhen lassen.

2. Thunfisch in einem Sieb abtropfen lassen. Schalotten und Knoblauch abziehen und fein hacken. Tomaten waschen, Stielansätze entfernen und in Würfel schneiden.

3. Öl in einer Pfanne erhitzen, Schalotten und Knoblauch darin glasig dünsten. Thunfisch und Tomatenwürfel unterheben, mit Salz und Pfeffer würzen. Petersilie unterrühren.

4. Backofen auf 200 °C (Umluft: 180 °C) vorheizen. Teig 2 Millimeter dünn ausrollen und 8 Kreise mit ca. 12 Zentimeter Durchmesser ausstechen. Restliches Ei trennen. Teigkreise mit Eiweiß bestreichen und je 1 Esslöffel Füllung auf eine Hälfte geben. Die andere Hälfte darüberlegen und die Ränder fest zusammendrücken. Auf ein mit Backpapier belegtes Backblech legen.

5. Eigelb und Milch verschlagen, die Teigkreise damit bestreichen und im Backofen 20 Minuten goldgelb backen.

Fischravioli
mit Seebarsch

Zutaten

250 g Mehl
50 g Hartweizengrieß
3 Eier
Salz
2 Schalotten
1 EL Rapsöl
300 g Seebarschfilet
1 EL Zitronensaft
4 EL gehackter Dill
frisch gemahlener Pfeffer
4 EL gehackte Petersilie

Zubereitungszeit
ca. 30 Min.
+ 30 Min. Ruhezeit
Für 4 Portionen

Zubereitung

1. Mehl, Hartweizengrieß, Eier und Salz zu einem glatten Teig verkneten. Abgedeckt 30 Minuten ruhen lassen.

2. Schalotten schälen und fein würfeln. Öl in einer Pfanne zerlassen und Schalotten darin glasig dünsten.

3. Seebarschfilet sehr fein würfeln und mit den Schalotten, Zitronensaft und Dill vermengen. Mit Salz und Pfeffer würzen.

4. Nudelteig zu dünnen, breiten Streifen ausrollen und diese nebeneinander auf eine bemehlte Arbeitsfläche legen. Jeweils etwas Füllung auf einen Teigstreifen setzen und darauf achten, dass zwischen der Füllung genug Platz bleibt. Anderen Teigstreifen darüberlegen und mit einem Messer oder einem Teigrädchen Quadrate ausschneiden und die Ränder fest andrücken.

5. In reichlich kochendem Salzwasser ca. 5 Minuten garen. Auf Tellern anrichten und mit gehackter Petersilie bestreut servieren.

Zutatenliste

Mallorquinische Panadas
mit Huhn

Zutaten

500 g Mehl
50 ml Weißwein
50 ml Olivenöl
1 EL Butter
Salz
350 g Hähnchenbrustfilet
150 g Chorizo
50 g luftgetrockneter Schinken, z. B. Serrano
4 Schalotten
200 g rote Paprikaschote
1 Chilischote
1–2 EL Olivenöl
Paprikapulver
Salz
frisch gemahlener Pfeffer
1 EL Tomatenmark
1 Eigelb

Zubereitungszeit ca. 45 Min. + 1 Std. Ruhezeit
Für 6 Stück

Zutatenliste

Zubereitung

1. Mehl, Wein, Öl, Butter und Salz miteinander mischen und zu einem glatten Teig verkneten. Teig in Frischhaltefolie gewickelt 1 Stunde kalt stellen.

2. Hähnchenbrustfilet, Chorizo und Schinken in feine Würfel schneiden. Schalotten abziehen und fein hacken. Paprikaschote waschen, vierteln, entkernen und in kleine Würfel schneiden. Chilischote waschen, nach Belieben entkernen und fein hacken.

3. Backofen auf 180 °C (Umluft: 160 °C) vorheizen. Olivenöl in einer Pfanne erhitzen. Fleisch, Wurst und Schinken darin einige Minuten anbraten, dann Schalotten, Paprika und Chili zufügen und 2–3 Minuten mitbraten. Mit Paprika, Salz, Pfeffer und Tomatenmark würzen.

4. Teig 3–4 Millimeter dick ausrollen. Aus dem Teig 12 Kreise ausstechen (je nach Teiggröße mehr oder weniger). Die Hälfte der Kreise auf ein mit Backpapier belegtes Backblech setzen und jeweils etwas von der Füllung daraufgeben. Ränder nach oben klappen und mit den restlichen Teigkreisen belegen. Ränder mit dem Teigdeckel fest zusammendrücken. Panadas mit Eigelb bestreichen und im Ofen 15–20 Minuten backen.

Spinattaschen
mit Lachsfilet

Zutaten

400 g Blätterteig (Kühlregal)
500 g Blattspinat
1 Zwiebel
2 Knoblauchzehen
1–2 EL Rapsöl
Salz
frisch gemahlener Pfeffer
1/2 TL gemahlener Kreuzkümmel
4 Lachsfilets (ohne Haut, à 100 g)
1 Ei
3 EL Sahne

Zubereitungszeit ca. 45 Min.
Für 4 Portionen

Zubereitung

1. Blätterteig auf bemehlter Arbeitsfläche ausrollen. Backofen auf 200 °C (Umluft: 180 °C) vorheizen. Backblech mit Backpapier belegen.

2. Spinat waschen, trocken schütteln und überschüssiges Wasser gut ausdrücken. Zwiebel und Knoblauch schälen und fein hacken. Öl in einer tiefen Pfanne erhitzen und Zwiebel und Knoblauch darin glasig dünsten. Spinat in die Pfanne geben und kurz mitdünsten, bis die Blätter in sich zusammenfallen. Mit Salz, Pfeffer und Kreuzkümmel würzen. Pfanne vom Herd nehmen und Füllung abkühlen lassen.

3. Lachs unter fließend kaltem Wasser abspülen und gründlich trocken tupfen. Blätterteig in 4 Rechtecke schneiden. Spinatmasse jeweils darauf verteilen, dabei einen Rand frei lassen und diesen mit Eiweiß bestreichen. Jeweils ein Lachsfilet darauflegen und mit Salz und Pfeffer würzen.

4. Ei trennen und Ränder mit Eiweiß bestreichen, Teig einrollen und Ränder gut andrücken. Päckchen mit der Naht nach unten auf das Backblech legen. Eigelb mit Sahne verquirlen und die Päckchen damit bestreichen. Im Backofen ca. 25 Minuten goldbraun backen.

Zutatenliste

Vegetarische Teigtaschen
mit viel Geschmack

Vegetarische Samosas
indisch gewürzt

Zutaten

600 g Kartoffeln
5 EL Butter
300 g Mehl
1 Prise Salz
1/2 TL Kreuzkümmelsamen
1 TL Koriandersamen
1/2 TL Chilipulver
1 TL Garam Masala (Gewürzmischung)
200 g Erbsen (TK-Produkt)
4 EL gehacktes Koriandergrün
100 ml neutrales Öl

Zubereitungszeit ca. 30 Min.
Für 4 Portionen

Zubereitung

1. Kartoffeln schälen, in kochendem Wasser weich kochen und klein schneiden. 3 Esslöffel Butter schmelzen, bis diese flüssig ist. Mit Mehl, 150 Milliliter Wasser und Salz zu einem Teig kneten und ca. 15 Minuten ruhen lassen.

2. Kreuzkümmelsamen und Koriandersamen in einer Pfanne ohne Fett anrösten, anschließend im Mörser fein mahlen und Chilipulver sowie Garam Masala zufügen. 2 Esslöffel Butter in einer Pfanne heiß werden lassen und Erbsen, klein geschnittene Kartoffeln sowie Gewürze zufügen und ca. 5 Minuten anbraten. Koriander waschen, trocken schütteln und fein hacken. Füllung kräftig durchmischen, sodass ein fester Brei entsteht. Koriander zufügen und abschmecken.

3. Teig nochmals kräftig durchkneten und in gleichmäßig große Kugeln formen. Teig zu Kreisen ausrollen und diese halbieren. Halbkreise zusammenrollen, sodass eine Tüte entsteht. Mit 1–2 Esslöffeln Füllung füllen und Öffnung fest verschließen. Öl erhitzen und Samosas ca. 5 Minuten darin ausbacken, bis sie goldgelb sind. Auf Küchenpapier legen, damit überschüssiges Fett abtropfen kann, und servieren.

Zutatenliste

Spinat-Tortelloni
mit Parmesan

Zutaten

400 g Mehl
4 Eier
3 EL Olivenöl
2 TL Salz
1 Zwiebel
500 g Blattspinat
frisch gemahlener Pfeffer
1 Prise Muskat
300 g Ricotta
2 Eigelb
80 g geriebener Parmesan
1/2 Bund Basilikum

Zubereitungszeit
ca. 30 Min.
+ 30 Min. Ruhezeit
Für 4 Portionen

Zubereitung

1. Mehl, Eier, Olivenöl und 1 Teelöffel Salz zu einem Teig verkneten. Teig kalt stellen und 30 Minuten ruhen lassen.

2. Zwiebel schälen und fein hacken. Spinat mit den Zwiebelwürfeln andünsten und mit 1 Teelöffel Salz, Pfeffer und Muskat abschmecken. Spinat auskühlen lassen und Ricotta und Eigelbe zufügen. Füllung kräftig mischen und 40 Gramm geriebenen Parmesan zufügen.

3. Teig dünn ausrollen, mit einem Glas Kreise ausstechen und in die Mitte etwas Füllung geben. Teig zusammenklappen, sodass Halbkreise entstehen. Ränder fest zusammendrücken und Halbkreise zu Ringen formen.

4. Tortelloni in kochendem Salzwasser ca. 5 Minuten lang garen. Basilikum waschen, trocken schütteln und Blätter fein hacken. Fertige Tortelloni mit Basilikum und geriebenem Parmesan bestreuen und servieren.

Zutatenliste

Empanadas
mit Käsefüllung

Zutaten

250 g Mehl
2 TL Salz
1 Eigelb
150 g Butter
2 EL Milch
2 Zwiebeln
1 EL Olivenöl
1 TL Zucker
frisch gemahlener Pfeffer
150 g Mozzarella
150 g geriebenen Emmentaler
100 ml neutrales Öl

Zubereitungszeit
ca. 1 Std.
+ 2 Std. Ruhezeit
Für 18 Stück

Zubereitung

1. Mehl und 1 Teelöffel Salz mischen und in der Mitte eine Mulde formen. Eigelb und Butterflocken in die Mulde geben und kräftig durchkneten. Milch und etwas lauwarmes Wasser zufügen und zu einem glatten Teig kneten. Teig kühl stellen und ca. 2 Stunden ruhen lassen.

2. Zwiebeln schälen und in Streifen schneiden. In Olivenöl andünsten und nach ca. 10 Minuten Zucker zufügen, bis die Zwiebeln karamellisieren. Mit Salz und Pfeffer abschmecken. Mozzarella in kleine Würfel schneiden.

3. Teig dünn ausrollen und mit einem Glas Kreise ausstechen. In die untere Hälfte des Kreises etwas Zwiebeln, Mozzarellawürfel und Emmentaler geben. Teigkreis zu einem Halbkreis zusammenklappen und mit einer Gabel Ränder gut zusammendrücken.

4. Öl erhitzen und Empanadas ca. 5 Minuten ausbacken, bis sie goldgelb sind. Auf Küchenpapier legen, damit überschüssiges Fett abtropfen kann, und servieren.

Zutatenliste

Kürbis-Tortellini
mit Kräutern

Zutaten

200 g Mehl
2 Eier
2 TL Salz
1 EL Olivenöl
150 g Kürbiswürfel
frisch gemahlener Pfeffer
3 EL geriebener Parmesan
1 TL gehackter Kerbel
1 TL gehacktes Basilikum
2 TL gehackte Petersilie
1 TL gehackter Thymian

Zubereitungszeit
ca. 1 Std.
+ 1 Std. Ruhezeit
Für 4 Portionen

Zubereitung

1. Mehl, Eier, 1 Teelöffel Salz und Öl vermischen und zu einem glatten Teig kneten. Teig kühl stellen und ca. 1 Stunde ruhen lassen.

2. Kürbiswürfel mit Pfeffer, 1 Teelöffel Salz und etwas Wasser weich kochen. Kürbisfleisch zerdrücken, Parmesan und Kräuter zufügen und mit Pfeffer und Salz abschmecken.

3. Teig dünn ausrollen und in gleich große Quadrate schneiden. In die Mitte etwas Füllung geben und Teig zu einem Dreieck zusammenklappen. Ränder mit einer Gabel fest zusammendrücken. Teigdreieck zu einem Ring formen und die spitzen Enden fest zusammenpressen.

4. Tortellini in kochendem Salzwasser ca. 5 Minuten garen. Nudeln mit einem Schaumlöffel herausnehmen und abtropfen lassen. Mit gehacktem Thymian bestreuen und servieren.

Zutatenliste

Schlutzkrapfen
mit Spinat-Quark-Füllung

Zutaten

200 g Mehl
1 Ei
1 TL Salz
1 Zwiebel
1 Knoblauchzehe
170 g gehackter Blattspinat (TK-Produkt)
100 g Magerquark
25 g geriebener Parmesankäse
frisch gemahlener Pfeffer
1 Prise Muskat
1/2 Bund Rauke
60 g Butter

Zubereitungszeit
ca. 30 Min.
+ 45 Min. Ruhezeit
Für 4 Portionen

Zubereitung

1. Mehl auf die Arbeitsfläche sieben und in die Mitte eine Vertiefung drücken. Ei, 1/2 Teelöffel Salz und etwas lauwarmes Wasser in die Mitte geben und mit einer Gabel verquirlen. Zu einem glatten Teig verkneten und kühl gestellt ca. 45 Minuten ruhen lassen.

2. Zwiebel und Knoblauch schälen und fein hacken. Mit Spinat und 3 Esslöffeln Wasser ca. 10 Minuten kochen, bis die Flüssigkeit verdampft ist. Mischung abkühlen lassen und Quark sowie 1 Esslöffel Parmesan zufügen. Mit restlichem Salz sowie Pfeffer und Muskat abschmecken.

3. Nudelteig möglichst dünn ausrollen und ca. 12 Kreise ausstechen. In die Mitte 1 Teelöffel Füllung geben und Teigränder dünn mit Wasser bestreichen. Teigkreise jeweils halbmondförmig zusammenklappen und Ränder fest andrücken.

4. Schlutzkrapfen in reichlich kochendem Salzwasser ca. 5 Minuten garen. Rauke waschen und trocken schütteln. Butter in einer Pfanne schmelzen und mit Muskat und Pfeffer würzen. Schlutzkrapfen in der Butter nochmals erhitzen. Mit restlichem Parmesan und Rauke bestreuen und servieren.

Zutatenliste

Türkische Teigtaschen
mit Feta

Zutaten

2 Eier
1 Eiweiß
100 g Butter
1 Päckchen Backpulver
1 TL Salz
150 g Joghurt
500 g Mehl
1 Bund Petersilie
200 g Fetakäse
1 TL Paprikapulver
1 EL Milch
Sesam oder Schwarzkümmel zum Bestreuen

Zubereitungszeit ca. 45 Min.
Für ca. 20 Stück

Zubereitung

1. Backofen auf 200 °C (Umluft: 180 °C) vorheizen. 1 Ei, Eiweiß, Butter, Backpulver, Salz und Joghurt vermischen. Nach und nach Mehl zufügen, bis ein glatter Teig entsteht. Teig kühl stellen und ca. 15 Minuten ruhen lassen.

2. Petersilie waschen, trocken schütteln und Blätter fein hacken. Fetakäse zerbröckeln und mit Petersilie und Paprikapulver vermischen.

3. Teig dünn ausrollen und ca. 20 Rechtecke ausschneiden. In die Mitte der Rechtecke 1–2 Teelöffel Füllung geben. Teig über die Füllung zusammenklappen, sodass ein Dreieck entsteht. Überstehenden Teigrand umklappen und alle Ränder gut andrücken. Teigtaschen auf ein mit Backpapier belegtes oder gut gefettetes Backblech setzen.

4. 1 Ei und Milch miteinander verschlagen und Taschen damit bestreichen. Mit Sesam oder Schwarzkümmel bestreuen und ca. 15 Minuten goldbraun backen.

Zutatenliste

Steinpilz-Tortellini
mit Pilzsoße

Zutaten

2 Eier, 7 Eigelb
3 EL Olivenöl, 300 g Mehl
15 g getrocknete Steinpilze
1 Schalotte
20 g Butter
2 EL weißer Portwein
Salz
frisch gemahlener Pfeffer
250 g Ricotta
1 Eigelb
6 EL geriebener Parmesan
2 EL Semmelbrösel
1 Zwiebel
250 g Champignons
20 ml Weißwein
200 g Schmand

Zubereitungszeit
ca. 1 Std.
+ 1 Std. Ruhezeit
Für 2 Portionen

Zubereitung

1. Eier, 6 Eigelb und 1 Esslöffel Öl vermischen und nach und nach Mehl zufügen, bis ein geschmeidiger Teig entsteht. Teig an einem kühlen Ort ca. 1 Stunde ruhen lassen.

2. Steinpilze in lauwarmem Wasser einweichen, gut ausdrücken und fein hacken. Schalotte schälen und fein würfeln. Butter zerlassen und Schalotte und Pilze darin 2-3 Minuten dünsten. Mit Portwein und Einweichwasser ablöschen. Einkochen lassen und mit Salz und Pfeffer abschmecken. Ricotta mit Steinpilzen, 1 Eigelb, 3 Esslöffeln Parmesan und Semmelbröseln verrühren.

3. Für die Pilzsoße Zwiebel schälen und fein würfeln. Champignons putzen und halbieren. Zwiebelwürfel und Pilze in 2 Esslöffeln Olivenöl ca. 5 Minuten anbraten. Mit Weißwein ablöschen und mit Schmand aufkochen lassen. Mit Salz und Pfeffer abschmecken.

4. Nudelteig dünn ausrollen und ca. 30 Kreise ausstechen. In die Mitte Pilzfüllung geben, Nudelkreis zusammenklappen und Ränder fest zusammendrücken. Halbkreise zu Ringen formen und Tortellini in kochendem Salzwasser ca. 5 Minuten kochen. Tortellini mit Pilzsoße und frisch geriebenem Parmesan servieren.

Zutatenliste

Ruthenische Pierogi

mit Kartoffel-Schafskäse-Füllung

Zutaten

500 g Mehl
1 Ei
2 EL Olivenöl
1 TL Salz
1 kg Kartoffeln
200 g Schafskäse
3 Zwiebeln
Salz
frisch gemahlener Pfeffer
100 g saure Sahne

Zubereitungszeit ca. 1 Std. 30 Min.
Für 5 Portionen

Zubereitung

1. Mehl, Ei, 1 Esslöffel Olivenöl, und 230 Milliliter Wasser vermischen und zu einem glatten Teig kneten. Kartoffeln schälen und in Salzwasser gar kochen. Warme Kartoffeln zerkleinern und mit zerbröckeltem Schafskäse verrühren, bis eine glatte Masse entsteht. 2 Zwiebeln schälen, fein hacken und kurz anbraten. Mit Kartoffel-Käse-Mischung verrühren und mit Salz und Pfeffer abschmecken.

2. Teig dünn ausrollen und ca. 50 Kreise ausstechen. Füllung in die Mitte des Kreises geben und Kreise zusammenklappen. Ränder mit einer Gabel fest zusammendrücken.

3. Übrige Zwiebel schälen, fein würfeln und in Olivenöl anbraten. Pierogi in Salzwasser kochen, bis sie an der Oberfläche schwimmen. Danach noch weitere 2–3 Minuten kochen und in einem Sieb abtropfen lassen.

4. Pierogi mit gerösteten Zwiebeln und mit einem Esslöffel saurer Sahne servieren.

Zutatenliste

Süße Teigtaschen,
die besondere Leckerei

Schokoladen-Ravioli
mit Haselnüssen

Zutaten

250 g Mehl und etwas Mehl für die Arbeitsfläche
2 Eier
3 EL Olivenöl
75 g Zartbitterschokolade
250 g Ricotta
4 EL Vanillezucker
neutrales Öl zum Frittieren
Schokoladensoße
gehackte Haselnüsse

Zubereitungszeit
ca. 1 Std.
+ 30 Min. Ruhezeit
Für 25 Stück

Zubereitung

1. Mehl, Eier, Öl und etwas kaltes Wasser zu einem geschmeidigen Teig verkneten. Teig kühl stellen und ca. 30 Minuten ruhen lassen.

2. Schokolade grob hacken und mit Ricotta fein pürieren. Vanillezucker unterrühren.

3. Teig auf bemehlter Arbeitsfläche dünn ausrollen. Auf eine Teighälfte jeweils 1–2 Teelöffel Füllung setzen, dabei auf genügend Abstand zwischen den Füllungen achten. Teig um die Füllung mit Wasser bepinseln und zweite Teighälfte darüberschlagen.

4. Ravioli ausschneiden und Ränder fest zusammendrücken. In heißem Öl portionsweise 3–4 Minuten frittieren, bis die Ravioli goldbraun sind. Auf Küchenpapier abtropfen lassen und mit Schokoladensoße und gehackten Haselnüssen dekoriert servieren.

Zutatenliste

Erdbeer-Täschchen
mit Mascarponefüllung

Zutaten

300 g Mehl und etwas Mehl für die Arbeitsfläche
3 Eier
1 EL Olivenöl
1 Prise Salz
300 g frische, reife Erdbeeren
2 cl Erdbeersirup
2 EL Vanillezucker
200 g Mascarpone
1 Eiweiß
1/2 Bund Minze
evtl. etwas Puderzucker

Zubereitungszeit ca. 40 Min. + 30 Min. Ruhezeit
Für 4 Portionen

Zubereitung

1. Mehl, Eier, Öl und Salz zu einem glatten Teig verkneten. Teig kühl stellen und ca. 30 Minuten ruhen lassen.

2. Erdbeeren waschen, putzen, in kleine Würfel schneiden und einige Erdbeerwürfel beiseitestellen. Die restlichen Erdbeerwürfel mit Sirup, Vanillezucker und Mascarpone vermengen.

3. Den Teig auf einer bemehlten Arbeitsfläche dünn ausrollen und Kreise mit ca. 6 Zentimeter Durchmesser ausschneiden. Einen Teelöffel von der Füllung auf die Mitte der Teigkreise geben. Ränder dünn mit Eiweiß bestreichen, die Teigkreise zu einem Halbkreis zusammenklappen und die Ränder fest andrücken.

4. Erdbeer-Täschchen in reichlich kochendem Wasser ca. 5 Minuten garen. Minze waschen, trocken schütteln und Blättchen abzupfen. Täschchen aus dem Wasser nehmen, abtropfen lassen und anrichten. Mit Minzblättchen und beiseitegelegten Erdbeerstücken bestreut servieren. Nach Belieben etwas Puderzucker über die Erdbeer-Täschchen streuen.

Zutatenliste

Nuss-Marzipan-Taschen
aus Blätterteig

Zutaten

100 g Marzipanrohmasse
40 g Puderzucker
2 Päckchen Vanillezucker
40 g Butter
1 Ei
2 EL Aprikosenmarmelade
50 g gehackte Mandeln
2 Rollen Blätterteig (Kühltheke)
1 Eigelb
evtl. etwas Puderzucker

Zubereitungszeit ca. 45 Min.
Für ca. 24 Stück

Zubereitung

1. Backofen auf 220 °C (Umluft: 200 °C) vorheizen. Marzipan mit Puderzucker, Vanillezucker, Butter, Ei, Marmelade und Mandeln zu einer streichfähigen Masse verkneten.

2. Beide Blätterteige mit dem Nudelholz dünn ausrollen und jeweils in 12 Rechtecke schneiden. Auf eine Seite des Rechtecks einen Teelöffel Marzipan-Nuss-Füllung streichen. Dabei einen Teigrand frei lassen. Rand mit verquirltem Eigelb bestreichen.

3. Leere Seite des Blätterteig-Rechtecks über die Füllung klappen und die Ränder fest andrücken. Die Oberseiten der Taschen mit einem Messer mehrmals einschneiden. Taschen mit restlichem Eigelb bestreichen.

4. Nuss-Marzipan-Taschen in den vorgeheizten Ofen schieben und ca. 25 Minuten backen. Je nach Wunsch mit Puderzucker bestreuen und servieren.

Zutatenliste

Süße Piroggen mit Kirschfüllung

Zutaten

200 g Mehl
80 g Butter
1/2 Teelöffel Salz
3 Eier
Mehl für die Arbeitsfläche
200 g Kirschen
1 EL Puderzucker
1 EL Vanillezucker

Zubereitungszeit
ca. 35 Min.
+ 1 Std. Ruhezeit
Für ca. 10 Stück

Zubereitung

1. Backofen auf 200 °C (Umluft: 180 °C) vorheizen. Mehl, Butter, Salz und 2 Eier zu einem geschmeidigen Teig verkneten. Teig kühl stellen und ca. 1 Stunde ruhen lassen.

2. Teig auf einer mit Mehl bestäubten Arbeitsfläche dünn ausrollen und Kreise ausstechen.

3. Kirschen waschen, entkernen und mit Puderzucker und Vanillezucker mischen. Einen Teelöffel der Kirschmischung in die Mitte der Kreise geben und zu einem Halbkreis zusammenfalten. Ränder gut festdrücken.

4. Übriges Ei trennen und Piroggen mit Eigelb bestreichen. Anschließend Piroggen im vorgeheizten Backofen ca. 15 Minuten lang backen.

Zutatenliste

Empanadas
mit Kokosfüllung

Zutaten

200 g Mehl
3 EL Rapsöl
1 Prise Salz
3 EL flüssiger Honig (oder Ahornsirup)
150 g frische oder getrocknete Kokosraspel
neutrales Öl zum Frittieren

Zubereitungszeit ca. 40 Min.
Für 8 Stück

Zubereitung

1. Mehl, Öl und Salz vermischen und etwas Wasser zufügen, sodass ein geschmeidiger Teig entsteht. Honig und Kokosraspeln in einer Schüssel mischen.

2. Teig in 8 gleich große Kugeln teilen und mit einem Nudelholz zu Kreisen ausrollen. Auf jeden Kreis 1 Esslöffel Kokosfüllung setzen. Ränder mit Wasser bestreichen und Teigkreise zu einem Halbmond zusammenklappen. Mit einer Gabel den Rand fest zusammendrücken und versiegeln.

3. Öl in einem kleinen, hohen Topf erhitzen. Teigtaschen darin nacheinander portionsweise frittieren. Auf Küchenpapier abtropfen lassen und servieren.

Zutatenliste

Süße Samosas
mit Apfel-Rosinen-Füllung

Zutaten

300 g Weizenmehl
100 g Butter und etwas Butter zum Braten
1/4 TL Salz
6 Äpfel
1 1/2 TL Zimt
1/2 TL Kardamom (gemahlen)
75 g Rosinen
6 EL Vanillezucker
neutrales Öl zum Frittieren
2 EL Puderzucker

Zubereitungszeit ca. 30 Min. + 30 Min. Ruhezeit
Für 20 Stück

Zubereitung

1. Mehl, Butter und Salz miteinander vermischen, nach und nach 150 Milliliter Wasser hinzufügen und zu einem geschmeidigen Teig kneten. Teig kühl stellen und 30 Minuten ruhen lassen.

2. Äpfel schälen und fein würfeln. In einer Pfanne etwas Butter erhitzen, Äpfel leicht anbraten, Zimt, Kardamom, Rosinen und Vanillezucker dazugeben. Füllung so lange braten, bis sie dickflüssig ist.

3. Aus dem Teig ca. 10 Kugeln formen und diese zu dünnen Kreisen ausrollen. Teigkreise halbieren und zu kleinen Tüten zusammenrollen. Spitze der Tüten zusammendrücken und jeweils mit einem Esslöffel von der Füllung befüllen. Die oberen Ränder der Teigtüte fest zusammendrücken, sodass ein Dreieck entsteht.

4. Samosas in heißem Öl so lange frittieren, bis diese goldbraun sind. Auf Küchenpapier abtropfen lassen und mit Puderzucker bestreut servieren.

Zutatenliste

Blätterteigtaschen
mit Sauerkirsch-Füllung

Zutaten

1 Glas Sauerkirschen (ca. 350 g)
4 EL brauner Zucker
1 EL Vanillepuddingpulver
1/2 TL abgeriebene Schale von einer unbehandelten Orange
1 Rolle Blätterteig (Kühltheke)
1 EL Milch
1 Ei
Puderzucker zum Bestreuen

Zubereitungszeit ca. 45 Min.
Für 6 Stück

Zubereitung

1. Backofen auf 180 °C (Umluft: 160 °C) vorheizen. Kirschen abtropfen lassen und den Saft auffangen. Kirschsaft mit 2 Esslöffel braunem Zucker und Puddingpulver verrühren und aufkochen. Kirschen und Orangenschale zufügen.

2. Blätterteig ausrollen und 6 Rechtecke ausschneiden. Milch und Ei verquirlen und Blätterteig damit einpinseln. Kirschfüllung auf die Rechtecke geben und Blätterteig zusammenklappen. Mit einer Gabel die Kanten zusammendrücken.

3. Taschen nochmals mit der Eiermilch bepinseln und mit restlichem braunen Zucker bestreuen. Im vorgeheizten Backofen ca. 25 Minuten backen, bis die Kirschtaschen goldgelb sind. Mit Puderzucker bestreut servieren.

Zutatenliste

Register

Impressum

www.otus.ch
ISBN 978-3-03793-620-7

Komplettproducing: twinbooks, München
Texte: Annerose Sieck, Eva Hutter für twinbooks, München
Text- und Abbildungsverzeichnis: Rama: 18 Shutterstock Images: 2 zi3000; 5 Pani_Elena; 6 Azdora; 7 Yulia Furman; 8 li. Valentyn Volkov; 8 re. Mamuka Gotsiridze; 9 Fonthip Kongboonkeaw; 10, 26 Amarita; 13 qoppi; 14 Lesya Dolyuk; 17 Irina Barcari; 21 Marina Grau; 22 Roxiller13; 25 Elena Hramova; 28, 35 Ildi Papp; 31 hlphoto; 32, 43 Mariontxa; 36 szefei; 39 pingpongcat; 40 AS Food studio; 44 CCat82; 46, 61 Wiktory; 49 SMDSS; 50 Iryna Melnyk; 53 Letterberry; 54 A_Lein; 57 Karl Allgaeuer; 58 Mariana Romaniv; 62 Dar1930; 64, 79 Anna Hoychuk; 67 pieropoma; 68 Timolina; 71 Felix Furo; 72 Africa Studio; 75 vm2002; 76 neil langan; Schmuckabbildungen: Shutterstock Images: Ohmega1982; Tashsat; Eky Studio; Cover: siehe S. 31